中共中央国务院
关于抓好"三农"领域重点工作
确保如期实现全面小康的意见

人 民 出 版 社

目　录

1

目　录

中共中央国务院
关于抓好"三农"领域重点工作确保如期实现全面小康的意见

(2020 年 1 月 2 日)

党的十九大以来,党中央围绕打赢脱贫攻坚战、实施乡村振兴战略作出一系列重大部署,出台一系列政策举措。农业农村改革发展的实践证明,党中央制定的方针政策是完全正确的,今后一个时期要继续贯彻执行。

2020 年是全面建成小康社会目标实现之年,是全面打赢脱贫攻坚战收官之年。党中央认为,完成上述两大目标任务,脱贫攻坚最后堡垒必须攻克,全面小康"三农"领域突出短板必须补上。小康不小康,关键看老乡。脱贫攻坚质量怎么样、小康成色如何,很大程度上要看"三农"工作成效。全党务必深刻认识做好2020年"三农"工作的特殊重要性,毫不松懈,持续加力,坚决夺取第一个百年奋斗目标的全面胜利。

做好2020年"三农"工作总的要求是,坚持以习近平新时代中国特色社会主义思想为指导,全面贯彻党的十九大和十九届二中、三中、四中全会精神,贯彻落实中央经济工作会议精神,对标对表全面建成小康社会目标,强化举措、狠抓落实,集中力量完成打赢脱贫攻坚战和补上全面小康"三农"领域突出短板两大重点任务,持续抓好农业稳产保供和农民增收,推进农业高质量发展,保持农村社会和谐稳定,提升农民群众获得感、幸福感、安全感,确保脱贫攻坚战圆满收官,确保农村同步全面建成小康社会。

一、坚决打赢脱贫攻坚战

(一)全面完成脱贫任务。脱贫攻坚已经取得决定性成就,绝大多数贫困人口已经脱贫,现在到了攻城拔寨、全面收官的阶段。要坚持精准扶贫，以更加有力的举措、更加精细的工作，在普遍实现"两不愁"基础上，全面解决"三保障"和饮水安全问题，确保剩余贫困人口如期脱贫。进一步聚焦"三区三州"等深度贫困地区，瞄准突出问题和薄弱环节集中发力，狠抓政策落实。对深度贫困地区贫困人口多、贫困发生率高、脱贫难度大的县和行政村，要组织精锐力量强力帮扶、挂牌督战。对特殊贫困群体，要落实落细低保、医保、养老保险、特困人员救助供养、临时救助等综合社会保障政策，实现应保尽保。各级财政要继续增加专项扶贫资金，中央财政新增部分主要用于"三区三州"等深度贫困地区。优化城乡建设用地增减挂钩、扶贫小额信贷等支持政策。深入推进抓党建促脱贫攻坚。

（二）巩固脱贫成果防止返贫。各地要对已脱贫人口开展全面排查，认真查找漏洞缺项，一项一项整改清零，一户一户对账销号。总结推广各地经验做法，健全监测预警机制，加强对不稳定脱贫户、边缘户的动态监测，将返贫人口和新发生贫困人口及时纳入帮扶，为巩固脱贫成果提供制度保障。强化

3

产业扶贫、就业扶贫,深入开展消费扶贫,加大易地扶贫搬迁后续扶持力度。扩大贫困地区退耕还林还草规模。深化扶志扶智,激发贫困人口内生动力。

(三)做好考核验收和宣传工作。严把贫困退出关,严格执行贫困退出标准和程序,坚决杜绝数字脱贫、虚假脱贫,确保脱贫成果经得起历史检验。加强常态化督导,及时发现问题、督促整改。开展脱贫攻坚普查。扎实做好脱贫攻坚宣传工作,全面展现新时代扶贫脱贫壮阔实践,全面宣传扶贫事业历史性成就,深刻揭示脱贫攻坚伟大成就背后的制度优势,向世界讲好中国减贫生动故事。

(四)保持脱贫攻坚政策总体稳定。坚持贫困县摘帽不摘责任、不摘政策、不摘帮扶、不摘监管。强化脱贫攻坚责任落实,继续执行对贫困县的主要扶持政策,进一步加大东西部扶贫协作、对口支援、定点扶贫、社会扶贫力度,稳定扶贫工作队伍,强化基层帮扶力量。持续开展扶贫领域腐败和作风问题专项治理。对已实现稳定脱贫的县,各省(自治区、直辖市)可以根据实际情况统筹安排专项扶贫资金,支持非贫困县、非贫困村贫困人口脱贫。

（五）研究接续推进减贫工作。脱贫攻坚任务完成后，我国贫困状况将发生重大变化，扶贫工作重心转向解决相对贫困，扶贫工作方式由集中作战调整为常态推进。要研究建立解决相对贫困的长效机制，推动减贫战略和工作体系平稳转型。加强解决相对贫困问题顶层设计，纳入实施乡村振兴战略统筹安排。抓紧研究制定脱贫攻坚与实施乡村振兴战略有机衔接的意见。

二、对标全面建成小康社会加快补上农村基础设施和公共服务短板

（六）加大农村公共基础设施建设力度。推动"四好农村路"示范创建提质扩面，启动省域、市域范围内示范创建。在完成具备条件的建制村通硬化路和通客车任务基础上，有序推进较大人口规模自然村（组）等通硬化路建设。支持村内道路建设和改造。加大成品油税费改革转移支付对农村公路养护的支持力度。加快农村公路条例立法进程。加强农村道路交通安全管理。完成"三区三州"和抵边

村寨电网升级改造攻坚计划。基本实现行政村光纤网络和第四代移动通信网络普遍覆盖。落实农村公共基础设施管护责任,应由政府承担的管护费用纳入政府预算。做好村庄规划工作。

（七）提高农村供水保障水平。全面完成农村饮水安全巩固提升工程任务。统筹布局农村饮水基础设施建设,在人口相对集中的地区推进规模化供水工程建设。有条件的地区将城市管网向农村延伸,推进城乡供水一体化。中央财政加大支持力度,补助中西部地区、原中央苏区农村饮水安全工程维修养护。加强农村饮用水水源保护,做好水质监测。

（八）扎实搞好农村人居环境整治。分类推进农村厕所革命,东部地区、中西部城市近郊区等有基础有条件的地区要基本完成农村户用厕所无害化改造,其他地区实事求是确定目标任务。各地要选择适宜的技术和改厕模式,先搞试点,证明切实可行后再推开。全面推进农村生活垃圾治理,开展就地分类、源头减量试点。梯次推进农村生活污水治理,优先解决乡镇所在地和中心村生活污水问题。开展农村黑臭水体整治。支持农民群众开展村庄清洁和绿化行动,推进"美丽家园"建设。鼓励有条件的地方对农村人居环境公共设施维修养护进行补助。

(九)提高农村教育质量。加强乡镇寄宿制学校建设,统筹乡村小规模学校布局,改善办学条件,提高教学质量。加强乡村教师队伍建设,全面推行义务教育阶段教师"县管校聘",有计划安排县城学校教师到乡村支教。落实中小学教师平均工资收入水平不低于或高于当地公务员平均工资收入水平政策,教师职称评聘向乡村学校教师倾斜,符合条件的乡村学校教师纳入当地政府住房保障体系。持续推进农村义务教育控辍保学专项行动,巩固义务教育普及成果。增加学位供给,有效解决农民工随迁子女上学问题。重视农村学前教育,多渠道增加普惠性学前教育资源供给。加强农村特殊教育。大力提升中西部地区乡村教师国家通用语言文字能力,加强贫困地区学前儿童普通话教育。扩大职业教育学校在农村招生规模,提高职业教育质量。

(十)加强农村基层医疗卫生服务。办好县级医院,推进标准化乡镇卫生院建设,改造提升村卫生室,消除医疗服务空白点。稳步推进紧密型县域医疗卫生共同体建设。加强乡村医生队伍建设,适当简化本科及以上学历医学毕业生或经住院医师规范化培训合格的全科医生招聘程序。对应聘到中西部地区和艰苦边远地区乡村工作的应届高校医学毕业生,给予大学期间学费补偿、国家助学贷款代偿。允许各地盘活用好基层卫生机构现有编制资源,乡镇卫生院可优先聘用符合条件的村医。加强基层疾病预防控制队伍建设,做好重大疾病和传染病防控。将农村适龄妇女宫颈癌和乳腺癌检查纳入基本公共卫生服务范围。

（十一）加强农村社会保障。适当提高城乡居民基本医疗保险财政补助和个人缴费标准。提高城乡居民基本医保、大病保险、医疗救助经办服务水平,地级市域范围内实现"一站式服务、一窗口办理、一单制结算"。加强农村低保对象动态精准管理,合理提高低保等社会救助水平。完善农村留守儿童和妇女、老年人关爱服务体系。发展农村互助式养老,多形式建设日间照料中心,改善失能老年人和重度残疾人护理服务。

（十二）改善乡村公共文化服务。推动基本公共文化服务向乡村延伸，扩大乡村文化惠民工程覆盖面。鼓励城市文艺团体和文艺工作者定期送文化下乡。实施乡村文化人才培养工程，支持乡土文艺团组发展，扶持农村非遗传承人、民间艺人收徒传艺，发展优秀戏曲曲艺、少数民族文化、民间文化。保护好历史文化名镇（村）、传统村落、民族村寨、传统建筑、农业文化遗产、古树名木等。以"庆丰收、迎小康"为主题办好中国农民丰收节。

（十三）治理农村生态环境突出问题。大力推进畜禽粪污资源化利用，基本完成大规模养殖场粪污治理设施建设。深入开展农药化肥减量行动，加强农膜污染治理，推进秸秆综合利用。在长江流域重点水域实行常年禁捕，做好渔民退捕工作。推广黑土地保护有效治理模式，推进侵蚀沟治理，启动实施东北黑土地保护性耕作行动计划。稳步推进农用地土壤污染管控和修复利用。继续实施华北地区地下水超采综合治理。启动农村水系综合整治试点。

三、保障重要农产品有效供给和
促进农民持续增收

（十四）稳定粮食生产。确保粮食安全始终是治国理政的头等大事。粮食生产要稳字当头，稳政策、稳面积、稳产量。强化粮食安全省长责任制考核，各省（自治区、直辖市）2020年粮食播种面积和产量要保持基本稳定。进一步完善农业补贴政策。调整完善稻谷、小麦最低收购价政策，稳定农民基本收益。推进稻谷、小麦、玉米完全成本保险和收入保险试点。加大对大豆高产品种和玉米、大豆间作新农艺推广的支持力度。抓好草地贪夜蛾等重大病虫害防控，推广统防统治、代耕代种、土地托管等服务模式。加大对产粮大县的奖励力度，优先安排农产品加工用地指标。支持产粮大县开展高标准农田建设新增耕地指标跨省域调剂使用，调剂收益按规定用于建设高标准农田。深入实施优质粮食工程。以北方农牧交错带为重点扩大粮改饲规模，推广种养结合模式。完善新疆棉花目标价格政策。拓展多元化进口渠道,增加适应国内需求的农产品进口。扩大优势农产品出口。深入开展农产品反走私综合治理专项行动。

(十五)加快恢复生猪生产。生猪稳产保供是当前经济工作的一件大事,要采取综合性措施,确保2020年年底前生猪产能基本恢复到接近正常年份水平。落实"省负总责",压实"菜篮子"市长负责制,强化县级抓落实责任,保障猪肉供给。坚持补栏增养和疫病防控相结合,推动生猪标准化规模养殖,加强对中小散养户的防疫服务,做好饲料生产保障工作。严格落实扶持生猪生产的各项政策举措,抓紧打通环评、用地、信贷等瓶颈。纠正随意扩大限养禁养区和搞"无猪市"、"无猪县"问题。严格执行非洲猪瘟疫情报告制度和防控措施,加快疫苗研发进程。加强动物防疫体系建设,落实防疫人员和经费保障,在生猪大县实施乡镇动物防疫特聘计划。引导生猪屠宰加工向养殖集中区转移,逐步减少活猪长距离调运,推进"运猪"向"运肉"转变。加强市场监测和调控,做好猪肉保供稳价工作,打击扰乱市场行为,及时启动社会救助和保障标准与物价上涨挂钩联动机制。支持奶业、禽类、牛羊等生产,引导优化肉类消费结构。推进水产绿色健康养殖,加强渔港建设和管理改革。

(十六)加强现代农业设施建设。提早谋划实施一批现代农业投资重大项目,支持项目及早落地,有效扩大农业投资。以粮食生产功能区和重要农产品生产保护区为重点加快推进高标准农田建设,修编建设规划,合理确定投资标准,完善工程建设、验收、监督检查机制,确保建一块成一块。如期完成大中型灌区续建配套与节水改造,提高防汛抗旱能力,加大农业节水力度。抓紧启动和开工一批重大水利工程和配套设施建设,加快开展南水北调后续工程前期工作,适时推进工程建设。启动农产品仓储保鲜冷链物流设施建设工程。加强农产品冷链物流统筹规划、分级布局和标准制定。安排中央预算内投资,支持建设一批骨干冷链物流基地。国家支持家庭农场、农民合作社、供销合作社、邮政快递企业、产业化龙头企业建设产地分拣包装、冷藏保鲜、仓储运输、初加工等设施,对其在农村建设的保鲜仓储设施用电实行农业生产用电价格。依托现有资源建设农业农村大数据中心,加快物联网、大数据、区块链、人工智能、第五代移动通信网络、智慧气象等现代信息技术在农业领域的应用。开展国家数字乡村试点。

(十七)发展富民乡村产业。支持各地立足资源优势打造各具特色的农业全产业链,建立健全农民分享产业链增值收益机制,形成有竞争力的产业集群,推动农村一二三产业融合发展。加快建设国家、省、市、县现代农业产业园,支持农村产业融合发展示范园建设,办好农村"双创"基地。重点培育家庭农场、农民合作社等新型农业经营主体,培育农业产业化联合体,通过订单农业、入股分红、托管服务等方式,将小农户融入农业产业链。继续调整优化农业结构,加强绿色食品、有机农产品、地理标志农产品认证和管理,打造地方知名农产品品牌,增加优质绿色农产品供给。有效开发农村市场,扩大电子商务进农村覆盖面,支持供销合作社、邮政快递企业等延伸乡村物流服务网络,加强村级电商服务站点建设,推动农产品进城、工业品下乡双向流通。强化全过程农产品质量安全和食品安全监管,建立健全追溯体系,确保人民群众"舌尖上的安全"。引导和鼓励工商资本下乡,切实保护好企业家合法权益。制定农业及相关产业统计分类并加强统计核算,全面准确反映农业生产、加工、物流、营销、服务等全产业链价值。

(十八)稳定农民工就业。落实涉企减税降费等支持政策,加大援企稳岗工作力度,放宽失业保险稳岗返还申领条件,提高农民工技能提升补贴标准。农民工失业后,可在常住地进行失业登记,享受均等化公共就业服务。出台并落实保障农民工工资支付条例。以政府投资项目和工程建设领域为重点,开展农民工工资支付情况排查整顿,执行拖欠农民工工资"黑名单"制度,落实根治欠薪各项举措。实施家政服务、养老护理、医院看护、餐饮烹饪、电子商务等技能培训,打造区域性劳务品牌。鼓励地方设立乡村保洁员、水管员、护路员、生态护林员等公益性岗位。开展新业态从业人员职业伤害保障试点。深入实施农村创新创业带头人培育行动,将符合条件的返乡创业农民工纳入一次性创业补贴范围。

四、加强农村基层治理

（十九）充分发挥党组织领导作用。农村基层党组织是党在农村全部工作和战斗力的基础。要认真落实《中国共产党农村基层组织工作条例》,组织群众发展乡村产业,增强集体经济实力,带领群众共同致富;动员群众参与乡村治理,增强主人翁意识,维护农村和谐稳定;教育引导群众革除陈规陋习,弘扬公序良俗,培育文明乡风;密切联系群众,提高服务群众能力,把群众紧密团结在党的周围,筑牢党在农村的执政基础。全面落实村党组织书记县级党委备案管理制度,建立村"两委"成员县级联审常态化机制,持续整顿软弱涣散村党组织,发挥党组织在农村各种组织中的领导作用。严格村党组织书记监督管理,建立健全党委组织部门牵头协调,民政、农业农村等部门共同参与、加强指导的村务监督机制,全面落实"四议两公开"。加大农村基层巡察工作力度。强化基层纪检监察组织与村务监督委员会的沟通协作、有效衔接,形成监督合力。加大在青年农民中发展党员力度。持续向贫困村、软弱涣散村、集体经济薄弱村派驻第一书记。加强村级组织运转经费保障。健全激励村干部干事创业机制。选优配强乡镇领导班子特别是乡镇党委书记。在乡村开展"听党话、感党恩、跟党走"宣讲活动。

（二十）健全乡村治理工作体系。坚持县乡村联动，推动社会治理和服务重心向基层下移，把更多资源下沉到乡镇和村，提高乡村治理效能。县级是"一线指挥部"，要加强统筹谋划，落实领导责任，强化大抓基层的工作导向，增强群众工作本领。建立县级领导干部和县直部门主要负责人包村制度。乡镇是为农服务中心，要加强管理服务，整合审批、服务、执法等方面力量，建立健全统一管理服务平台，实现一站式办理。充实农村人居环境整治、宅基地管理、集体资产管理、民生保障、社会服务等工作力量。行政村是基本治理单元，要强化自我管理、自我服务、自我教育、自我监督，健全基层民主制度，完善村规民约，推进村民自治制度化、规范化、程序化。扎实开展自治、法治、德治相结合的乡村治理体系建设试点示范，推广乡村治理创新性典型案例经验。

注重发挥家庭家教家风在乡村治理中的重要作用。

（二十一）调处化解乡村矛盾纠纷。坚持和发展新时代"枫桥经验"，进一步加强人民调解工作，做到小事不出村、大事不出乡、矛盾不上交。畅通农民群众诉求表达渠道，及时妥善处理农民群众合理诉求。持续整治侵害农民利益行为，妥善化解土地承包、征地拆迁、农民工工资、环境污染等方面矛盾。推行领导干部特别是市县领导干部定期下基层接访制度，积极化解信访积案。组织开展"一村一法律顾问"等形式多样的法律服务。对直接关系农民切身利益、容易引发社会稳定风险的重大决策事项，要先进行风险评估。

（二十二）深入推进平安乡村建设。推动扫黑除恶专项斗争向纵深推进，严厉打击非法侵占农村集体资产、扶贫惠农资金和侵犯农村妇女儿童人身权利等违法犯罪行为，推进反腐败斗争和基层"拍蝇"，建立防范和整治"村霸"长效机制。依法管理农村宗教事务，制止非法宗教活动，防范邪教向农村渗透，防止封建迷信蔓延。加强农村社会治安工作，推行网格化管理和服务。开展农村假冒伪劣食品治理行动。打击制售假劣农资违法违规行为。加强农村防灾减灾能力建设。全面排查整治农村各类安全隐患。

五、强化农村补短板保障措施

（二十三）优先保障"三农"投入。加大中央和地方财政"三农"投入力度，中央预算内投资继续向农业农村倾斜，确保财政投入与补上全面小康"三农"领域突出短板相适应。地方政府要在一般债券支出中安排一定规模支持符合条件的易地扶贫搬迁和乡村振兴项目建设。各地应有序扩大用于支持乡村振兴的专项债券发行规模。中央和省级各部门要根据补短板的需要优化涉农资金使用结构。按照"取之于农、主要用之于农"要求，抓紧出台调整完善土地出让收入使用范围进一步提高农业农村投入比例的意见。调整完善农机购置补贴范围，赋予省级更大自主权。研究本轮草原生态保护补奖政策到期后的政策。强化对"三农"信贷的货币、财税、监管政策正向激励，给予低成本资金支持，提高风险容忍度,优化精准奖补措施。对机构法人在县域、业务在县域的金融机构,适度扩大支农支小再贷款额度。深化农村信用社改革,坚持县域法人地位。加强考核引导,合理提升资金外流严重县的存贷比。鼓励商业银行发行"三农"、小微企业等专项金融债券。落实农户小额贷款税收优惠政策。符合条件的家庭农场等新型农业经营主体可按规定享受现行小微企业相关贷款税收减免政策。合理设置农业贷款期限,使其与农业生产周期相匹配。发挥全国农业信贷担保体系作用,做大面向新型农业经营主体的担保业务。推动温室大棚、养殖圈舍、大型农机、土地经营权依法合规抵押融资。稳妥扩大农村普惠金融改革试点,鼓励地方政府开展县域农户、中小企业信用等级评价,加快构建线上线下相结合、"银保担"风险共担的普惠金融服务体系,推出更多免抵押、免担保、低利率、可持续的普惠金融产品。抓好农业保险保费补贴政策落实,督促保险机构及时足额理赔。优化"保险+期货"试点模式,继续推进农产品期货期权品种上市。

(二十四)破解乡村发展用地难题。坚守耕地和永久基本农田保护红线。完善乡村产业发展用地政策体系，明确用地类型和供地方式，实行分类管理。将农业种植养殖配建的保鲜冷藏、晾晒存贮、农机库房、分拣包装、废弃物处理、管理看护房等辅助设施用地纳入农用地管理，根据生产实际合理确定辅助设施用地规模上限。农业设施用地可以使用耕地。强化农业设施用地监管，严禁以农业设施用地为名从事非农建设。开展乡村全域土地综合整治试点，优化农村生产、生活、生态空间布局。在符合国土空间规划前提下，通过村庄整治、土地整理等方式节余的农村集体建设用地优先用于发展乡村产业项目。新编县乡级国土空间规划应安排不少于10%的建设用地指标，重点保障乡村产业发展用地。省级制定土地利用年度计划时，应安排至少5%新增建设用地指标保障乡村重点产业和项目用地。农村集体建设用地可以通过入股、租用等方式直接用于发展乡村产业。按照"放管服"改革要求，对农村集体建设用地审批进行全面梳理，简化审批审核程序，下放审批权限。推进乡村建设审批"多审合一、多证合一"改革。抓紧出台支持农村一二三产业融合发展用地的政策意见。

（二十五）推动人才下乡。培养更多知农爱农、扎根乡村的人才，推动更多科技成果应用到田间地头。畅通各类人才下乡渠道，支持大学生、退役军人、企业家等到农村干事创业。整合利用农业广播学校、农业科研院所、涉农院校、农业龙头企业等各类资源，加快构建高素质农民教育培训体系。落实县域内人才统筹培养使用制度。有组织地动员城市科研人员、工程师、规划师、建筑师、教师、医生下乡服务。城市中小学教师、医生晋升高级职称前，原则上要有1年以上农村基层工作服务经历。优化涉农学科专业设置，探索对急需紧缺涉农专业实行"提前批次"录取。抓紧出台推进乡村人才振兴的意见。

（二十六）强化科技支撑作用。加强农业关键核心技术攻关，部署一批重大科技项目，抢占科技制高点。加强农业生物技术研发，大力实施种业自主创新工程，实施国家农业种质资源保护利用工程，推进南繁科研育种基地建设。加快大中型、智能化、复合型农业机械研发和应用，支持丘陵山区农田宜机化改造。深入实施科技特派员制度,进一步发展壮大科技特派员队伍。采取长期稳定的支持方式,加强现代农业产业技术体系建设,扩大对特色优势农产品覆盖范围,面向农业全产业链配置科技资源。加强农业产业科技创新中心建设。加强国家农业高新技术产业示范区、国家农业科技园区等创新平台基地建设。加快现代气象为农服务体系建设。

(二十七)抓好农村重点改革任务。完善农村基本经营制度,开展第二轮土地承包到期后再延长30年试点,在试点基础上研究制定延包的具体办法。鼓励发展多种形式适度规模经营,健全面向小农户的农业社会化服务体系。制定农村集体经营性建设用地入市配套制度。严格农村宅基地管理,加强对乡镇审批宅基地监管,防止土地占用失控。扎实推进宅基地使用权确权登记颁证。以探索宅基地所有权、资格权、使用权"三权分置"为重点,进一步深化农村宅基地制度改革试点。全面推开农村集体产权制度改革试点,有序开展集体成员身份确认、集体资产折股量化、股份合作制改革、集体经济组织登记赋码等工作。探索拓宽农村集体经济发展路径,强化集体资产管理。继续深化供销合作社综合改革，提高为农服务能力。加快推进农垦、国有林区林场、集体林权制度、草原承包经营制度、农业水价等改革。深化农业综合行政执法改革，完善执法体系，提高执法能力。

做好"三农"工作，关键在党。各级党委和政府要深入学习贯彻习近平总书记关于"三农"工作的重要论述，全面贯彻党的十九届四中全会精神，把制度建设和治理能力建设摆在"三农"工作更加突出位置，稳定农村基本政策，完善新时代"三农"工作制度框架和政策体系。认真落实《中国共产党农村工作条例》，加强党对"三农"工作的全面领导，坚持农业农村优先发展，强化五级书记抓乡村振兴责任，落实县委书记主要精力抓"三农"工作要求，加强党委农村工作机构建设，大力培养懂农业、爱农村、爱农民的"三农"工作队伍，提高农村干部待遇。坚持从农村实际出发，因地制宜，尊重农民意愿，尽力而为、量力而行，把当务之急的事一件一件解决好，力戒形式主义、官僚主义，防止政策执行简单化和"一刀切"。把党的十九大以来"三农"政策贯彻落实情况作为中央巡视重要内容。

　　让我们更加紧密地团结在以习近平同志为核心的党中央周围，坚定信心、锐意进取，埋头苦干、扎实工作，坚决打赢脱贫攻坚战，加快补上全面小康"三农"领域突出短板，为决胜全面建成小康社会、实现第一个百年奋斗目标作出应有的贡献！

奋力做好"三农"工作
决胜全面小康

——中央农办主任、农业农村部部长韩长赋
解读二〇二〇年中央一号文件

近日,中共中央、国务院印发《关于抓好"三农"领域重点工作确保如期实现全面小康的意见》,也就是2020年中央一号文件。文件公开发布之际,中央农办主任、农业农村部部长韩长赋就文件制定印发和贯彻落实等问题,回答了记者的提问。

记者:今年的中央一号文件出台有什么背景和意义?

韩长赋:以习近平同志为核心的党中央高度重视"三农"工作。习近平总书记指出,小康不小康,关键看老乡。脱贫质量怎么样、小康成色如何,很大

程度上要看今年"三农"工作成效。习近平总书记的重要指示,为做好 2020 年"三农"工作指明了方向、提供了根本遵循。

2020 年是全面建成小康社会目标实现之年,是全面打赢脱贫攻坚战收官之年。完成这两大目标任务,脱贫攻坚还有一些最后的堡垒必须攻克,全面小康"三农"领域还有一些突出的短板必须补上。面对国内外风险挑战明显上升、经济下行压力加大的复杂局面,稳住农业基本盘、发挥"三农"压舱石作用至关重要。做好 2020 年"三农"工作具有特殊重要性,必须毫不松懈,持续加力,确保脱贫攻坚战圆满收官,确保农村同步全面建成小康社会。

今年中央一号文件以习近平新时代中国特色社会主义思想为指导,全面贯彻党的十九大和十九届二中、三中、四中全会精神,贯彻落实中央经济工作会议精神,对"三农"工作作出了全面部署。一是明确了工作重点,就是对标对表全面建成小康社会目标,集中力量完成打赢脱贫攻坚战和补上全面小康"三农"领域突出短板两大重点任务。二是强化了政策举措。针对基层干部群众反映强烈的问题和工作落实中存在的薄弱环节,有的放矢、精准施策,提出了一些含金量高、可操作性强的政策举措,进一步强化了补短板的政策支撑保障。三是强调了抓好落实。围绕补上影响脱贫攻坚质量和全面小康成色、到2020年必须补上的突出短板,逐项抓好落实,确保如期完成。

记者:脱贫攻坚还有哪些堡垒,收官之年将如何收官?

韩长赋:打赢脱贫攻坚战是全面建成小康社会的底线任务和标志性指标,是我们党向人民作出的庄严承诺。党的十八大以来,以习近平同志为核心的党中央把脱贫攻坚摆到治国理政的突出位置,截至2019年底,农村贫困人口平均每年减贫1300万人以上,770个贫困县已经或拟摘帽退出,贫困发生率降至2%以下。

2020年是脱贫攻坚战收官之年,还有一些最后的堡垒必须攻克。这些堡垒主要体现在两个方面:一个是深度贫困地区,这些地区自然条件较差、基础条件薄弱、发展滞后、公共服务不足,必须集中力量进行强力帮扶,确保如期脱贫。还有一个是特殊贫困群体,也就是老弱病残等困难群体,对这类缺乏劳动能力的群体,通过统筹各类社会保障政策,实现应保尽保、应兜尽兜。

在脱贫攻坚战收官之年要做好以下工作:完成好剩余脱贫任务。目前还剩下50多个贫困县尚未摘帽。重点是在普遍实现"两不愁"基础上,全面解决"三保障"和饮水安全问题,确保剩余贫困人口如期脱贫。巩固脱贫成果防止返贫。对已脱贫人口开展全面排查,查补漏洞和缺项,同时加强对不稳定脱贫户、边缘户动态识别,及时将返贫人口和新发生贫困人口纳入帮扶。做好考核验收和宣传工作。严格执行贫困退出标准和程序,坚决杜绝数字脱贫、虚假脱贫,确保脱贫成果经得起历史检验,积极做好脱贫攻坚宣传工作,讲好中国扶贫故事。研究接续推进减贫工作。要抓紧研究建立解决相对贫困的长效机制,推动减贫战略和工作体系平稳转型,将解决相对贫困问题纳入实施乡村振兴战略统筹安排。

记者:全面建成小康社会,"三农"领域还有哪些必须补上的短板?

韩长赋:全面建成小康社会,最突出的短板在

"三农"。农村基础设施不足、公共服务落后是农民群众反映最强烈的民生问题,也是城乡发展不平衡、农村发展不充分最直观的体现。今年中央一号文件对标对表全面建成小康社会目标任务,提出了农村基础设施和公共服务8个方面的短板:

一是农村公共基础设施方面。主要是推动"四好农村路"示范创建提质扩面,在完成具备条件的建制村通硬化路和通客车任务基础上,有序推进较大人口规模自然村(组)等通硬化路建设,支持村内道路建设和改造。二是农村供水保障方面。重点是全面完成农村饮水安全巩固提升工程任务,有条件的地区推进城乡供水一体化。三是农村人居环境整治方面。重点是分类推进农村厕所革命,全面推进农村生活垃圾治理,梯次推进生活污水治理,广泛开展村庄清洁行动。完成农村人居环境整治三年行动任务,干干净净迎小康。四是农村教育方面。硬件上,加强乡镇寄宿制学校建设,统筹小规模学校布局,改善农村办学条件。软件上,加强乡村学校教师队伍建设,落实教师管理、工资待遇、职称评定、住房保障等政策。五是农村基层医疗卫生服务方面。在建好县乡村三级医疗卫生机构、消除医疗服务空白点的同时,重点加强乡村医生队伍建设,简化乡村医生招聘程序,支持高校医学毕业生到中西部地区和艰苦边远地区乡村工作,乡镇卫生院优先聘用符合条件的村医。六是农村社会保障方面。主要是适当提高城乡居民基本医疗保险财政补助和个人缴费标准,加强农村低保对象动态精准管理,合理提高社会救助水平,发展互助式养老等。七是乡村公共文化服务方面。主要是扩大乡村文化惠民工程覆盖面、鼓励送文化下乡、实施乡村文化人才培养工程等。以"庆丰收、迎小康"为主题办好小康之年的中国农民丰收节。八是农村生态环境治理方面。主要是对做好畜禽粪污资源化利用、农药化肥减量、长江流域重点水域常年禁捕、黑土地保护、农村水系综合整治等提出要求。

需要强调的是,今年中央一号文件提出的补短板任务,重点是针对全面建成小康社会目标的,不是完成现代化的短板。因此,补短板必须坚持从农村实际出发,因地制宜,尊重农民意愿,尽力而为、量力而行,把当务之急的事一件一件解决好,力戒形式主义、官僚主义,防止政策执行简单化和"一刀切"。

记者:到 2020 年城乡居民收入要比 2010 年翻一番是全面小康的硬指标,在促进农民增收方面有什么政策举措?

韩长赋:到 2020 年城乡居民收入要比 2010 年翻一番,这是党的十八大明确的全面建成小康社会定量指标。要保持农民持续较快增收的势头不减弱、趋势不逆转,这样才能持续缩小城乡收入差距,让农民群众在小康之年有更多获得感、幸福感、安全感。在当前宏观经济下行压力加大背景下,农民增收形势不容乐观,必须主动作为,多渠道促进农民持续增收。

发展富民乡村产业。要支持各地立足资源优势打造各具特色的农业全产业链,推动农村一二三产业融合发展。加快建设各类产业园区基地,重点培育家庭农场、农民合作社等新型农业经营主体,通过订单农业、入股分红、托管服务等方式,带动小农户融入农业产业链。继续调整优化农业结构,打造地方知名农产品品牌,增加优质绿色农产品供给,提升农民生产经营效益。

稳住农民工就业。稳住农民工就业对稳定农民增收至关重要。重点是加强职业技能培训,积极开发城镇就业岗位,加大农民工稳岗支持力度。要加大对拖欠农民工工资的整治力度,以政府投资项目和工程建设领域为重点开展排查整顿,确保农民工工资按时足额发放。农村创新创业是农民就近就地就业的重要渠道,要深入实施农村创新创业带头人培育行动。

稳定农民转移性收入。要保持好强农惠农富农政策的连续性稳定性,确保农民转移性收入不减少。

记者:确保国家粮食安全始终是治国理政的头等大事,有哪些政策举措稳定粮食生产?

韩长赋:习近平总书记反复强调,中国人的饭碗任何时候都要牢牢端在自己手上。2019 年,我国粮食产量创下历史新高,连续 5 年稳定在 1.3 万亿斤以上,粮食供给总量是充裕的。但我们粮食安全形势并非高枕无忧,粮食生产能力基础并不稳固。多少年的经验表明,经济形势越复杂,越要稳住农业、稳住粮食。

今年中央一号文件强调,粮食生产要稳字当头,稳政策、稳面积、稳产量,释放了鲜明的政策信号。压实各级责任。强化粮食安全省长责任制考核,要求各省(自治区、直辖市)2020年粮食播种面积和产量要保持基本稳定。保护农民种粮积极性。进一步完善农业补贴政策,保障农民基本收益,让农民种粮不吃亏。调动地方抓粮积极性。加大产粮大县奖励力度,优先安排农产品加工用地指标,支持产粮大县高标准农田建设新增耕地指标跨省域调剂使用,让地方抓粮不吃亏。加强技术服务。抓好草地贪夜蛾等重大病虫害防控,推广统防统治、代耕代种、土地托管服务模式,推动粮食生产提质增效。

记者:在加快恢复生猪生产上提出了什么政策举措?

韩长赋:猪粮安天下。针对2019年以来生猪生产和猪肉价格出现的波动,中央出台了一系列稳价保供政策举措,推动生猪产能开始逐步恢复,但形势依然比较严峻。必须把生猪稳产保供作为重大政治任务,像抓粮食生产一样抓生猪生产,采取综合性措施,确保2020年年底前生猪产能基本恢复到接近正常年份水平。一是压实地方责任。落实"省负总责"，压实"菜篮子"市长负责制，强化县级抓落实责任，保障猪肉供给。二是落实支持政策。严格落实扶持生猪生产的各项政策举措，抓紧打通环评、用地、信贷等瓶颈。纠正随意扩大限养禁养区和搞"无猪市""无猪县"问题。三是抓好疫病防控。严格执行非洲猪瘟疫情报告制度和防控措施，加快疫苗研发进程。加强动物防疫体系建设，落实防疫人员和经费保障，在生猪大县实施乡镇动物防疫特聘计划，确保疫情不反弹。四是推进转型升级。推动生猪标准化规模养殖，加强对中小散养户的防疫服务，引导生猪屠宰加工向养殖集中区转移，促进畜牧业高质量发展。五是加强市场调控。做好猪肉保供稳价工作，打击扰乱市场行为，及时启动社会救助和保障标准与物价上涨挂钩联动机制。

记者：在强化补短板"人地钱"要素保障方面有哪些政策亮点？

韩长赋：补上全面建成小康社会"三农"领域的短板，离不开真金白银的政策支持和要素保障。今年中央一号文件在强化"人地钱"要素保障方面出台了含金量高的政策。

在人才保障方面,提出抓紧出台推进乡村人才振兴的意见,有组织地动员城市科研人员、工程师、规划师、建筑师、教师、医生下乡服务,城市中小学教师、医生晋升高级职称前原则上要有 1 年以上农村基层工作服务经历。

在用地保障方面,提出完善乡村产业发展用地政策体系,将农业种植养殖配建的各类辅助设施用地纳入农用地管理,合理确定辅助设施用地规模上限,明确农业设施用地可以使用耕地。提出农村集体建设用地可以通过入股、租用等方式直接用于发展乡村产业。明确新编县乡级国土空间规划应安排不少于10%的建设用地指标,省级制定土地利用年度计划时应安排至少5%新增建设用地指标,保障乡村产业用地。

在投入保障方面,当前财政收支压力很大,许多方面都在压减支出,但补"三农"全面小康短板的投入要保。今年中央一号文件明确提出加大中央和地方财政"三农"投入力度,中央预算内投资继续向农业农村倾斜,加大地方债用于"三农"规模,要求抓紧出台调整完善土地出让收入使用范围进一步提高农业农村投入比例的意见。要强化对"三农"信贷的货币、财税、监管政策正向激励,适度扩大支农支小再贷款额度,坚持农村信用社县域法人地位,鼓励商业银行发行"三农"、小微企业等专项金融债券,明确符合条件的家庭农场等新型农业经营主体可按规定享受现行小微企业相关贷款税收减免政策等。部署稳妥扩大农村普惠金融改革试点。

记者:在稳定农业农村投资方面提出了什么政策举措?

韩长赋:去年以来,受宏观经济形势和产业自身因素影响,农业投资出现一定幅度下滑。今年中央一号文件对有效扩大农业农村投资作出了相应部署。一是启动实施现代农业设施投资项目。以粮食生产功能区和重要农产品生产保护区为重点加快推进高标准农田建设,如期完成全年建设目标任务。抓紧启动和开工一批重大水利工程和配套设施建设,在做好前期工作基础上适时推进南水北调后续工程建设。部署启动农产品仓储保鲜冷链物流设施建设工程。二是优化农业农村投资环境。引导和鼓励工商资本下乡,营造良好政策环境,切实保护好企业家的合法权益。三是加大对农业农村投融资金融支持力度。发挥全国农业信贷担保体系作用，做大面向新型农业经营主体的担保业务。推动温室大棚、养殖圈舍、大型农机、土地经营权依法合规抵押融资。

记者：今年的中央一号文件在农村改革上作出了哪些部署？

韩长赋：改革是加快补上"三农"发展短板、推动乡村全面振兴的重要动力。2020 年是农村改革承前启后的一个关键年份，必须切实抓好党中央部署的各项重点改革任务。

完善农村基本经营制度。重点是落实保持土地承包关系稳定并长久不变的要求，部署开展第二轮土地承包到期后再延长 30 年试点，在试点基础上研究制定延包的具体办法。

扎实推进农村土地制度改革。抓紧制定农村集体经营性建设用地入市配套制度。严格农村宅基地管理，扎实推进宅基地使用权确权登记颁证，以探索宅基地所有权、资格权、使用权"三权分置"为重点，进一步深化农村宅基地制度改革试点。

深入推进农村集体产权制度改革。在完成清产核资的基础上,全面推开农村集体产权制度改革试点,有序开展集体成员身份确认、集体资产折股量化、股份合作制改革、集体经济组织登记赋码等工作。积极探索拓宽农村集体经济发展路径。

此外,今年中央一号文件还对中央部署的供销合作社、农垦、国有林区林场、集体林权制度、草原承包经营制度、农业水价、农业综合行政执法等重大改革任务进行了部署。其中不少任务是以 2020 年为时间节点的,要逐项推进落实落地,确保按时完成、交账销号。

（人民日报记者　高云才　朱隽　王浩
2020 年 2 月 6 日《人民日报》）

奋力抓好"三农"工作
确保如期实现全面小康

人民日报社论

新春伊始，中共中央、国务院公开发布《关于抓好"三农"领域重点工作确保如期实现全面小康的意见》。这是新世纪以来，党中央连续发出的第十七个"一号文件"。今年的"一号文件"对标对表全面建成小康社会目标，强调坚决打赢脱贫攻坚战，加快补上全面小康"三农"领域突出短板，对我们做好今年的"三农"工作，确保脱贫攻坚战圆满收官，确保农村同步全面建成小康社会具有十分重要的指导意义。

"三农"向好，全局主动。2019年，面对国内外风险挑战明显上升的复杂局面，在以习近平同志为核心的党中央坚强领导下，年度脱贫任务全面完成，农业发展总体实现稳中有进，农村民生进一步改善，农村改革持续深化，乡村治理水平不断提高。"三农"发展持续向好的形势，稳住了经济社会大局，为全面建成小康社会奠定了坚实基础。

2020年是全面建成小康社会目标实现之年，是全面打赢脱贫攻坚战收官之年。脱贫攻坚质量怎么样、小康成色如何，很大程度上要看今年"三农"工作成效。要深刻认识做好2020年"三农"工作的特殊重要性，明确目标任务，拿出过硬举措，狠抓工作落实，毫不松懈，持续加力，坚决夺取第一个百年奋斗目标的全面胜利。

打赢脱贫攻坚战是全面建成小康社会的重中之重。脱贫攻坚已经取得决定性成就，绝大多数贫困人口已经脱贫，现在到了攻城拔寨、全面收官的阶段。要一鼓作气、乘势而上，集中力量攻克最后的贫困堡垒。要巩固脱贫攻坚成果防止返贫，严格把好贫困县退出关。保持脱贫攻坚政策总体稳定，坚持贫困县摘帽不摘责任、不摘政策、不摘帮扶、不摘监管，确保脱贫成果经得起历史和实践检验。

全面建成小康社会,最突出的短板在"三农"。要瞄准农民群众最直接、最迫切的期盼,加大农村基础设施建设力度,提高农村供水保障水平,扎实搞好农村人居环境整治,提高农村教育质量,加强农村基层医疗卫生服务,加强农村社会保障,改善乡村公共文化服务,治理农村生态环境突出问题。当前,要针对新型冠状病毒感染的肺炎疫情应对暴露出来的短板和不足,着力强化农村公共卫生体系建设和环境排查整治,健全农村应急管理体系,加快改善乡村治理体系和治理能力。

　　保供增收是全面建成小康社会的基础和前提。对于一个有着14亿人口的大国来说,保障重要农产品有效供给始终是"三农"工作的头等大事。粮食生产坚持稳字当头,着力稳政策、稳面积、稳产量。加快恢复生猪生产,坚持补栏增养和疫病防控相结合,推进产业转型升级和高质量发展,做到保供稳价。农民小康不小康,关键看收入。要着力发展富民乡村产业,把产业增值收益和就业创业机会尽量留在农村、留给农民。稳定农民工就业,鼓励各类人才返乡下乡创业创新,多渠道促进农民持续增收。

做好"三农"工作,关键在党。要加强党对"三农"工作的全面领导,坚持农业农村优先发展,强化五级书记抓乡村振兴责任,发挥好农村基层党组织战斗堡垒作用。加大"三农"投入力度,完善乡村产业发展用地政策,强化人才和科技支撑。抓好农村重点改革任务,坚持土地承包关系稳定并长久不变,全面推开农村集体产权制度改革试点。加强农村基层治理,推动社会治理和服务重心向基层下移,积极调处化解乡村矛盾纠纷,维护农村社会和谐稳定。坚持从农村实际出发,因地制宜,尊重农民意愿,尽力而为、量力而行,把当务之急的事一件一件解决好。

　　今年"三农"工作的目标任务已定,让我们坚持以习近平新时代中国特色社会主义思想为指导,锐意进取,埋头苦干,为决胜全面建成小康社会作出应有的贡献!

(2020 年 2 月 6 日《人民日报》)

图书在版编目（CIP）数据

中共中央国务院关于抓好"三农"领域重点工作确保如期实现
全面小康的意见. —北京：人民出版社，2020.2（2020.4 重印）
ISBN 978－7－01－021874－8

Ⅰ.①中… Ⅱ. Ⅲ.①三农问题-文件-中国 Ⅳ.①F32

中国版本图书馆 CIP 数据核字（2020）第 022277 号

中共中央国务院关于抓好"三农"领域重点工作确保如期实现全面小康的意见

ZHONGGONGZHONGYANG GUOWUYUAN
GUANYU ZHUAHAO SANNONG LINGYU ZHONGDIAN GONGZUO
QUEBAO RUQI SHIXIAN QUANMIAN XIAOKANG DE YIJIAN

人民出版社 出版发行

（100706　北京市东城区隆福寺街 99 号）

河北新华第一印刷有限责任公司印刷　新华书店经销

2020 年 2 月第 1 版　2020 年 4 月第 2 次印刷
开本：880 毫米×1230 毫米 1/32　印张：1.5
字数：21 千字

ISBN 978－7－01－021874－8　定价：4.00 元

邮购地址　100706　北京市东城区隆福寺街 99 号
人民东方图书销售中心　电话 （010）65250042　65289539